AF537451

SCORPIO

Nicolas Chauvat

Zen-Lehren der Teemeister

Im Hier und Jetzt Erfüllung finden

Aus dem Französischen
von Claudia Seele-Nyima

SCORPIO

Die Originalausgabe ist erstmals 2016 bei
Éditions Jouvence erschienen.
Titel der französischen Originalausgabe:
30 Enseignements Zen des Maîtres du Thé

Chemin du Guillon 20 CH-1 233 Bernex
www.editions-jouvence.com

Umschlaggestaltung, Layout und Satz: Danai Afrati
Druck und Bindung: Pustet, Regensburg
ISBN 978-3-95803-267-5

Inhalt

Einleitung

Tee servieren zu lernen, dauert ein ganzes Leben, doch eine einzige Teezeremonie kann das ganze Leben verändern.

Auf das, was man nicht sieht, kommt es an: Das war die Botschaft des berühmten Schriftstellers Yukio Mishima an einen französischen Journalisten, der ihn nach seiner Beziehung zur japanischen Kultur fragte. Viele Menschen des Westens interessieren sich zwar für die Teezeremonie und ihr geheimnisumwobenes Flair, doch leider sind sie allzu oft auf die vorgegebenen Gesten des Rituals oder auf Aussehen und Geschmack des Tees fixiert.

Die Teezeremonie, früher von Mönchen in einer kleinen Hütte praktiziert, die von einem Garten umgeben war und an eine Einsiedelei in der Natur erinnerte, ist nicht auf das beschränkt, was man sieht. Sadō (茶道) genannt, umfasst sie nicht allein die Kunst des Teeservierens, sondern sie ist die Kunst, die eigene Empfindsamkeit zu entwickeln, um die Welt, in der man lebt, voll und ganz wahrzunehmen. Weisheit erfordert keine außergewöhnlichen intellektuellen Fähigkeiten, sondern einfach Bescheidenheit und Liebe – die beiden Eigenschaften, durch die das Beobachtungsvermögen sich entwickeln kann.

Zen-Meister sind sich ihrer Schwächen bewusst und streben ständig danach, sich zu vervollkommnen. Ihre besondere Aufmerksamkeit gilt der umgebenden Natur, die ihnen sehr am Herzen liegt und in ihren Augen unerschöpfliche Lehren bereithält. Die festgelegten, unablässig wiederholten Gesten, das an Moosgärten erinnernde Grün des Tees, eine behutsam in eine exquisite Vase gestellte Blume, das Kosten eines kleinen Gebäckstücks, dessen Form und Farben auf die Veränderungen der Natur im Lauf der Jahreszeiten anspielen – das gesamte Zeremoniell ermöglicht allen, die daran teilhaben, sich selbst zu vergessen und ganz in den gegenwärtigen Moment einzutauchen. Um die Meditation der Teilnehmer zu leiten, wird eine Kalligrafie an der Wand angebracht. Oft enthält sie die Lehre eines großen japanischen oder chinesischen Zen-Mönchs.

Im feudalen Japan wurde die Teezeremonie oft von Adligen und Kriegern praktiziert. Die Zen-Weisheit, die sie vermittelt, brachte ein wenig Harmonie in eine Gesellschaft, die es bitter nötig hatte. Mithilfe der Zeremonie konnten die Praktizierenden verstehen, dass es unmöglich ist, mit anderen gut auszukommen, solange man keine aufrichtige Beziehung zu sich selbst hat und nicht mit sich im Einklang ist. Das vorliegende Buch basiert auf der Übersetzung alter chinesischer und japanischer Texte, die Teemeister auch heute noch verwenden, um ihr Wissen an ihre Schüler weiterzugeben. Diese Lehren, die Poesie und Philosophie in sich vereinen, können der Welt aufs Neue Zauber verleihen. Sie sind echte Einladungen zur Kontemplation und ermöglichen uns, wieder zu uns selbst zu finden.

Mit diesem Buch möchte ich Sie einladen, Ihren Geist immer wieder mal für einige Minuten auf Reisen gehen zu lassen. Es ist mit seinen kurzen Texten eine ideale Lektüre für zwischendurch. Jede Zen-Unterweisung wird von einer Übung begleitet, damit die darin enthaltene zeitlose Weisheit besser umgesetzt werden kann. Die Qualität unseres Lebens hängt vor allem von der Qualität unserer Gedanken ab. Schon nach wenigen Tagen werden Sie, liebe Leserinnen und Leser, merken, dass sich die Art, wie Sie denken und die Welt wahrnehmen, wirklich verändert.

開門落葉多

Die Tür öffnen
und nur
viel Laub sehen.

1. Sich unnötig sorgen

Allein in der Dunkelheit seiner Kammer, wird ein Mönch vom Wind wachgehalten, der heulend um die einsame Hütte fegt. Plötzlich ertönt vom Dach her ein ohrenbetäubendes Prasseln. »Der lange Winterregen ist wieder da«, klagt der Mönch und kauert sich unter seinen Decken zusammen. Während er in dieser unbequemen Haltung allmählich einschläft, wird sein Geist von düsteren Gedanken gequält. Frühmorgens, als endlich wieder Stille eingekehrt ist, erhebt sich der Mönch mühsam, sein Körper nach unruhigem Schlaf ganz erstarrt. Zögernd angesichts der Vorstellung, sich der klammen Eiseskälte der umgebenden Natur auszusetzen, ringt er sich dazu durch, die Tür seiner Hütte zu öffnen. Bei dem Anblick, der sich ihm bietet, leuchtet sein Gesicht auf. Der Weg zu seiner Bleibe ist von unzähligen goldgelben und orangefarbenen Blättern bedeckt. Nicht den Regen hatte er gehört, sondern das Geräusch dieser Blätter, die der Herbstwind auf sein Dach wehte. Die Kälte, die ihm die ganze Nacht Sorge bereitet hatte, war nur ein Hirngespinst seiner Fantasie.

Das Erwachen besteht darin, die Tür unseres Herzens zu öffnen, um zu erkennen, dass unsere Ängste sich auf Hirngespinste gründen. Es besteht nicht die geringste Notwendigkeit, gegen sie anzukämpfen: Wenn wir ihnen mutig ins Auge sehen, verschwinden sie ganz von selbst, denn sie sind dann der einzigen Macht beraubt, die sie über uns hatten – der Unwissenheit.

»Nach einer guten Tasse Tee
kommt mein Geist zur Ruhe
und ich kann die Essenz aller
Dinge (aller Wesen) betrachten.«

Angst durch Visualisieren verringern

Wenn Sie nachts nicht schlafen können, weil Sie zum Beispiel befürchten, dass ein bestimmtes Ereignis in näherer Zukunft eintritt, machen Sie folgende Übung:
Versuchen Sie sich daran zu erinnern, wie Sie sich früher einmal wegen etwas gequält haben, das am Ende überhaupt nicht eingetreten ist. Das wird Ihnen helfen zu erkennen, dass die Angst häufiger auf Ihrer Vorstellungskraft beruht als auf realen Fakten.
Stellen Sie sich so genau wie möglich vor, auf welche Weise das Ereignis, das Ihnen gerade Angst macht, sich zum Guten wendet und letztendlich gar nicht so

schlimm ist, wie Sie angenommen hatten. Dieser bewusste Umgang mit dem Warten auf das gefürchtete Ereignis ermöglicht Ihnen, sich geistig und körperlich zu schützen, damit Sie Ihr tägliches Leben besser genießen können.

Der Regen des
Vorabends hat
alle Blüten
abgerissen,
doch ihr Duft
durchströmt
nun die Straßen
der Stadt.

滿城流水香
一夜落花雨

2. Glück im Unglück finden

Ist der Winter vorüber, schmücken sich die Bäume, die tot zu sein schienen, endlich mit farbenfrohen Blüten. Die Jahreszeit des Schnees lehrt uns Geduld, doch der Frühling macht uns durch seinen vergänglichen Zauber bewusst, wie kurzlebig alles ist. Kaum hat der Frühling uns in Begeisterung versetzt, prasselt schon ein nächtlicher Regen heftig auf die Landschaft herab und schwemmt die zarten Blütenblätter fort. Bei Tagesanbruch sind die Bäume wieder ihres Zaubers beraubt. Obwohl die Betrachter das Naturschauspiel gern noch einige Tage bewundert hätten, ist dieser Regenschauer gar nicht so zerstörerisch, wie es scheint. Die Blüten sind nicht verschwunden. Sie strömen nun mit dem Fluss, der die Nachbarstadt durchquert, und erfüllen die Gassen mit ihrem zarten Duft.

So wie es geschehen kann, dass ein Dichter sieht, wie der Gegenstand seiner Kontemplation von einem plötzlichen Regen hinweggefegt wird, beruht unser Glück auf vergänglichen Dingen. Ein unvorhersehbares Ereignis kann sie uns in nur einem Augenblick entreißen. Der Weise lässt sich nicht von unerwarteten Ereignissen in seinem Leben peinigen.

Wer kann schon mit Gewissheit sagen, ob ein Geschehnis positiv oder negativ ist? Nur die Zukunft wird es zeigen. Das Geheimnis der inneren Ruhe liegt in der Fähigkeit, die Schönheit in allen Dingen wahrzunehmen, selbst in dem, was ganz und gar unerträglich erscheint. Die Blüten sind tot, ihr Duft kann sich jedoch endlich in der Stadt frei entfalten.

Probleme in Chancen verwandeln

Versuchen Sie sich an ein früheres Ereignis aus Ihrem Leben zu erinnern, das Ihnen damals zwar als etwas sehr Negatives erschien, sich im weiteren Verlauf aber als günstig erwies und Ihre Zukunft positiv beeinflusst hat.

Wenn etwas in Ihrem Leben wie eine Niederlage oder ein Anzeichen drohenden Missgeschicks wirkt, stellen Sie sich vor, was Sie tun könnten, damit sich dieses Ereignis in eine günstige Gelegenheit mit positiven Auswirkungen verwandelt.

Der Pfirsich-
baum rühmt
sich nicht,
ganz natürlich
formt sich
ein Pfad zu ihm.

桃李不言下自成蹊

3. Berühmtheit erlangen, ohne Wert darauf zu legen

Ganz allein mitten in der Landschaft, abseits vom Trubel des Alltagslebens, erwacht ein Pfirsichbaum aus seinem Winterschlaf. In der Stille eines Frühlingsnachmittags öffnen sich plötzlich seine Blüten. Sie streben nicht nach Ruhm und Ehre – sie gehorchen nur ihrer Natur. Dennoch bleiben die wenigen Menschen, die daran vorbeikommen, angesichts solcher Schönheit und Zartheit hingerissen stehen. Und nur wenige Tage später finden sich schon Besucher aus der ganzen Umgebung ein, um das Schauspiel zu bestaunen. Das Kommen und Gehen dieser Bewunderer hat einen regelrechten Pfad durch die Felder geschaffen und der majestätische Pfirsichbaum findet sich nun, ohne es zu wollen, im Mittelpunkt des allgemeinen Interesses wieder.

Viele sind auf Ruhm und Ehren aus und etliche würden schlichtweg alles dafür tun. Doch nur sehr wenige erlangen sie auch und diejenigen, denen sie unverdient zugefallen sind, haben auf Dauer nichts davon. Der Pfirsichbaum, der in Asien Weisheit und Unsterblichkeit symbolisiert, kultiviert das Nichthandeln. Er erschöpft sich nicht im Streben nach Anerkennung, sondern begnügt sich einfach damit, seine wahre Natur zu respektieren. So wird er der Bewunderung würdig und bald ist seine Existenz für niemanden mehr ein Geheimnis.

Ein edler Mensch ist wie ein Pfirsichbaum.
Stets seiner Tugend, seiner wahren Natur treu,
will er nicht berühmt sein,
bevor er es verdient hat.

Vor dem Erfolg steht das Verdienst

Wenn Sie auf einem bestimmten Gebiet erfolgreich sein und bekannt werden wollen, aber nicht wissen, wie Sie es am besten angehen, machen Sie folgende Übung:

Suchen Sie eine Person, die bereits erfolgreich ist, und versuchen Sie herauszufinden, welche Eigenschaften sie hat. Listen Sie sie auf einem Blatt Papier auf. Jede Fähigkeit kann von eins bis fünf bewertet werden.

Machen Sie auch eine Bestandsaufnahme Ihrer eigenen Kompetenzen und vergleichen Sie sie mit denen der von Ihnen ausgewählten Person. So erkennen Sie, welche Fähigkeiten Sie sich aneignen oder verbessern sollten. Achten Sie darauf, dass Ihre

Liste vollständig ist; lassen Sie keine Fähigkeiten aus, die Ihnen im Moment geringfügig erscheinen, denn gerade diese geben meistens den Ausschlag. Viele Menschen bewundern zwar den Erfolg ihrer Idole, versuchen aber nicht, deren gute Eigenschaften selbst zu entwickeln. Wer jedoch eher auf den Erfolg aus ist als darauf, ihn auch zu verdienen, verurteilt sich zum Scheitern.

花謝樹無影

Wenn die Blüten abgefallen sind und der Baum keinen Schatten mehr spendet

4. In einer schwierigen Situation beharrlich bleiben

Der Buddha lehrte seine Schüler, dass in dieser Welt nur eines beständig ist: die Unbeständigkeit. So schön und angenehm Frühling und Sommer auch sein mögen, unvermeidlich müssen sie Herbst und Winter weichen. Ein Baum, der vorher wegen seiner Schönheit Gegenstand der Kontemplation war, ist dann dazu verurteilt, seine Blüten und Blätter zu verlieren, die seinen Zauber ausmachten. Wenn ihm nur noch der Stamm und die Äste geblieben sind, ist er wieder allein. Doch obwohl er von den Menschen verlassen war und viele Monate kein Lebenszeichen mehr von ihm ausging, grünt er aufs Neue, sobald der sanfte Frühlingswind ihn aus dem Schlaf weckt. Wer hätte an solch ein Wiederaufleben geglaubt?

Auch ins menschliche Dasein bricht immer wieder der Winter ein. Selbst diejenigen, die offenbar auf der Sonnenseite des Lebens stehen, erleben irgendwann einen Absturz. Nur wer stark genug ist, eine Krise auch dann zu überwinden, wenn keine Zeichen des Erfolgs in Sicht sind, vermag Großes zu vollbringen.

Mitunter ist das Verlangen nach Erfolg eine Quelle geistiger Erschöpfung – dann, wenn man lange Phasen des Zweifelns zu bewältigen hat. Der Baum beklagt den Verlust seiner Blüten nicht, er wartet nicht ungeduldig auf die Rückkehr des Frühlings. Er folgt einfach seinem natürlichen Kreislauf. So sollten auch wir sowohl im Glück als auch im Unglück gleichbleibend beharrlich sein.

»Im ersten Jahr pflanzt man Tee,
im zweiten Jahr erntet man ihn.«

Lernen, kleine Freuden zu geniessen

Lernen Sie, in schwierigen Zeiten die kleinen Freuden, die das Leben bietet, voll auszukosten (eine heiße Dusche, eine schöne Blume, eine gute Mahlzeit usw.), um sich innerlich zu stärken. Bedenken Sie, dass Glück nur selten erreichbar ist, aber es bei Ihnen liegt, Momente der Freude in Ihrem täglichen Leben wahrzunehmen.

Nehmen Sie sich in Phasen, in denen Ihnen in Bezug auf Ihre Zukunft Zweifel kommen, etwas Zeit und betrachten Sie die Biografien reicher und berühmter Persönlichkeiten. Trotz Geld und Ruhm geht es vielen nach wie vor nicht gut. Begehen Sie nicht denselben Fehler. Wer sich nur über große Ereignisse freut, kann zwangsläufig niemals heiter und gelassen sein. Zufriedenheit ist ein Geisteszustand. Warten Sie nicht darauf, dass all Ihre Träume wahr werden, um sich zu freuen. Seien Sie nicht darauf aus, mehr zu haben, sondern versuchen Sie einfach, mehr aus dem zu machen, was Ihnen das Leben bietet.

水急不流月

Aufgewühltes Wasser reißt den Mond nicht mit sich.

5. Unantastbar werden

Es gibt kaum etwas, was den entfesselten Fluten eines Flusses standhält. Doch wie heftig sie auch sein mögen, dem Widerschein des Mondes auf ihrer Oberfläche können sie nichts anhaben. Keine Flut, kein Wasserfall und erst recht keine Welle vermag das Himmelslicht, das sie beleuchtet, auszulöschen.

Die Seele des Weisen gleicht dem Mond. Ihre Essenz liegt jenseits der materiellen Welt. Darum hat die Seele von Erscheinungen, die ihr Spiegelbild – das Denken – bedrängen, nichts zu fürchten. Das Denken des Weisen kann zwar vom Strudel des Lebens aufgewühlt werden, doch die Seele bleibt still und unbewegt. Wer Meditation praktiziert, ist in der Lage, sich von seinen Leidenschaften zu lösen. Er versucht nicht, sie zu beseitigen, sondern betrachtet sie einfach als das, was sie wirklich sind: unvorhersehbare, vorübergehende Turbulenzen seines Bewusstseins. Er weiß, dass sein Bewusstsein nichts weiter ist als der Widerschein seines wahren Selbst, das viel größer ist als all dieses aufgewühlte Hin und Her in seinem Geist.

»Der wahre Zweck des Teeweges liegt darin,
inmitten von Aufruhr im Frieden zu sein,
inmitten von Kummer Freude zu finden und
in dieser unvollkommenen Welt ein bisschen
Schönheit und Harmonie zu geniessen.«

Beobachter der eigenen Gefühle werden

Wenn Sie ein unangenehmes Gefühl überkommt, kämpfen Sie nicht dagegen an. Nehmen Sie sich fünf Minuten Zeit in Stille, schließen Sie die Augen und nehmen Sie die Bilder und Gedankenketten, die Ihnen in den Kopf kommen, bewusst wahr. Betrachten Sie sie wie etwas, das außerhalb von Ihnen liegt. Versuchen Sie nicht, sie zu beseitigen, sondern bringen Sie sie einfach in eine Distanz, als wären Sie ein Zuschauer, der sich im Kino einen Film ansieht. Lehnen Sie nichts ab, aber hören Sie auf, sich mit Ihren Gefühlen zu identifizieren.

Unser wahres Selbst liegt jenseits davon, daher sollte es von Wut, Trauer oder Schuldgefühlen unberührt bleiben. Wenn Sie die Wechselfälle Ihres Geistes als etwas Äußeres betrachten, wirken diese sich weniger auf Ihr tiefes Selbst aus. Ihr Bewusstsein kommt dann allmählich zur Ruhe.

池成月自来

Der Mond spiegelt sich immer im Teich.

6. Weisheit ist allen zugänglich

Weder die Fluten eines angeschwollenen Flusses noch die gigantischen Wellen eines aufgewühlten Meeres können dem Mond etwas anhaben; aber selbst der kleinste Teich kann bei ruhigem Wasser das Himmelslicht widerspiegeln und sich mit seiner Pracht schmücken.

Die menschliche Intelligenz ist begrenzt. Diejenigen, die sie ausschließlich zu ihrem eigenen Profit nutzen und andere niedermachen, verurteilen sich selbst zur Einsamkeit. Wer bewundert schon das Schlammwasser eines reißenden Stroms, der alles, was ihm in den Weg kommt, überschwemmt und verwüstet? Solche Gewässer sind nur kurze Zeit stark. Sobald wieder Ruhe eingekehrt ist, bauen die Opfer einen Deich und der Fluss wird unter Kontrolle gebracht. Ein tugendhafter Mensch ist wie ein Teich. Er stellt seine Macht – die, wie er weiß, begrenzt ist –, nicht zur Schau, sondern bringt sein Herz zur Ruhe, damit Weisheit darin einziehen kann. Und wie das Licht des Mondes erhellt diese dann die Umgebung. Wie könnte ein solcher Mensch einsam sein?

»Der Teeweg bedeutet, einen Moment lang die Ewigkeit zu erleben.«

Bereit sein, zu empfangen, bevor man selbst etwas kreiert

In dieser Welt, in der das Gebot, mit der Konkurrenz mithalten zu können, immer vordringlicher wird, haben wir den Eindruck, wir müssten stets innovativ und anderen überlegen sein und uns von ihnen abheben, um eine Existenzberechtigung zu haben. Erfolgsbesessenheit erzeugt oft Leid und schadet manchmal sogar der Kreativität.

In Zeiten des Zweifels, wenn Ihnen die nötige Energie fehlt, um etwas zu kreieren, tun Sie Folgendes: Lesen Sie eine kurze Biografie jener Künstler oder Denker, die Sie inspirieren. Sie werden feststellen, dass diese ihre Existenz nicht aus dem Nichts aufgebaut haben, sondern dass sie alle vorher eine Quelle der Inspiration gefunden hatten, entweder unter ihren Vorgängern oder in der Welt um sie herum. Darum leuchtet sicherlich ein: Um kreativ tätig zu werden, müssen Sie zuerst lernen, zu empfangen. Beginnen Sie daher, an Ihrer Fähigkeit zu arbeiten, sich von allem um Sie herum inspirieren – also berühren – zu lassen.

眼不自見

Das Auge
sieht sich nicht
selbst.

7. Das Auge sieht sich nicht selbst

Eines der wenigen Dinge, die das Auge nicht direkt sehen kann, ist es selbst. Es kann zwar die ganze Welt anschauen, aber da es ausschließlich nach außen blickt, ist es nicht fähig, seine eigene Natur zu erkennen. Sich selbst fremd, wird es allmählich zum Sklaven dessen, was es beobachtet. Kein Wunder, dass viele Menschen zwar meinen, die Welt zu analysieren und zu kontrollieren, in Wirklichkeit aber von ihr in Verwirrung gestürzt werden.

Die buddhistische Weisheit ist nicht nach außen gewandt. Sie ist das Auge, das das Auge anschaut – das dritte Auge. Unsichtbar, analysiert dieses Auge den Beobachter, damit dieser nicht von dem, was er betrachtet, beeinflusst und vereinnahmt wird. Wie könnte jemand, der sich selbst nicht kennt, behaupten, die Welt zu verstehen?

Meditation besteht nicht darin, alle Gedanken zu beseitigen; vielmehr ermöglicht sie, Distanz zu all den Bildern zu gewinnen, die in unserem Geist aufkommen. »Ich denke, also bin ich«, sagte Descartes. Aber sind wir wirklich nur das, was wir im gegenwärtigen Moment denken, oder ist das lediglich eine Illusion, die durch viele äußere Faktoren bedingt ist? Um das wahre Selbst wahrnehmen zu können, müssen wir wissen, wie wir die Aufmerksamkeit von unseren eigenen Gedanken und den Bildern, die das Auge verwirren, lösen können.

»Tee reinigt nicht nur den Magen,
er reinigt vor allem das Herz.«

Die eigenen Werturteile beobachten

Als moderne Menschen sind wir zwar stolz auf unseren Verstand, doch die meisten Entscheidungen werden auf der Ebene des Unbewussten getroffen.

Wenn Sie eine starke, unerklärliche Gereiztheit oder Traurigkeit bei sich selbst bemerken, machen Sie Folgendes:
Denken Sie abends vor dem Einschlafen noch einmal darüber nach, was Sie beunruhigt. Versuchen Sie nicht, an etwas Schönes zu denken, und beurteilen Sie die Bilder und Assoziationen, die Ihnen in den Sinn kommen, nicht.
Wenn Sie ein unangenehmes Gefühl erkannt haben, fragen Sie sich, warum es da ist. Wenn Sie dieses Gefühl visualisieren, werden Sie feststellen, dass es

nur ein vergängliches Produkt ebenso vergänglicher Umstände ist.

Ihr tiefes Selbst ist dann in der Lage, zwischen seiner wahren Natur und den Bildern, die unkontrolliert aufkommen, zu unterscheiden. Lernen Sie, sich nicht mehr mit diesen Bildern zu identifizieren. Dann können Sie ein Leben in heiterer Gelassenheit führen, ohne dass Sie sich bemühen müssten, Ihre Gedanken zu kontrollieren. Diese werden sich selbst regulieren.

曹源一滴水

Ein Tropfen Wasser aus der Quelle von Sō.

8. Großes ist das Ergebnis vieler kleiner Bemühungen

Der Mensch ist unbedeutend im Vergleich zur Kraft Hochwasser führender Flüsse, die in Sekundenschnelle tonnenschwere Felsen Dutzende Meter mitschleifen können. Fasziniert von der Kraft des Wassers, stellen die Chinesen es oft als Drachen dar, der, wenn er gereizt wird, alles auf seinem Weg zerstört.

Die meisten von uns fürchten sich vor dem zornigen Aufruhr des Ozeans und reißender Flüsse, aber nur wenige halten die Wassertropfen, die sie im Alltag umgeben, für beachtenswert. Scheinbar unbedeutend, sind diese Tropfen jedoch nichts anderes als die Schuppen des unkontrollierbaren Drachens.

Dieses legendäre Tier wird auch genutzt, um Erfolg darzustellen. Ein Sieg ist selten das Ergebnis eines kurzen Augenblicks, vielmehr beruht er auf zahllosen Stunden vorausgehender Arbeit. Für sich genommen wirkt jede Bemühung geringfügig, aber aneinandergereiht erzeugen diese Anstrengungen eine unaufhaltsame Kraft.

Wenn Sie danach streben, zu erwachen, kennen Sie vermutlich das Gefühl, zwischendurch fast zu verzweifeln. Doch keine Sorge, kein Fluss entsteht an einem Tag und allen Dingen kommt eine Bedeutung zu. So werden die einzelnen Elemente, die Ihren Alltag ausmachen, zu Wassertropfen, die bald den Ozean Ihrer Weisheit bilden.

Mehr Motivation durch Sichtbarmachen der Zwischenergebnisse

Ein schönes Projekt kann dem Leben Sinn verleihen. Wenn sich die Realisierung des Vorhabens jedoch über mehrere Jahre hinzieht, kann uns durchaus Niedergeschlagenheit zusetzen. Mitunter ist es besser, sich erst einmal auf die nächste anstehende Treppenstufe zu konzentrieren, statt die ganze lange Treppe hochzublicken, deren Ende nicht in Sicht ist. Um nicht den Mut zu verlieren, sollte der Weg zum Sieg in kleine, leicht erreichbare Etappen unterteilt werden.

Wenn Sie sich ein langfristiges Ziel gesetzt haben und merken, dass Sie der ganzen Sache überdrüssig werden, machen Sie Folgendes:
Schreiben Sie oben auf ein Blatt Papier Ihr Endziel und unten den aktuellen Stand Ihres Vorhabens auf. Schreiben Sie dazwischen in jede Zeile eine sichtbare oder quantifizierbare Etappe auf, die Sie von Ihrem Ziel trennt.

Sobald Sie diese Liste erstellt haben, versuchen Sie sich nur auf die nächsten zwei oder drei Etappen zu konzentrieren. Achten Sie darauf, die Punkte auf der Liste jedes Mal durchzustreichen, wenn sie erledigt sind, und gönnen Sie sich einige Minuten Zeit, um sich zu Ihren Fortschritten zu beglückwünschen.

担雪塞井

Einen Brunnen mit Schnee bedecken

9. Nichts ist nutzlos

Einen Brunnen mit Schnee bedecken wollen, der bei Kontakt mit Wasser schmilzt: In China wird dieser Ausdruck benutzt, um eine nicht praktikable, nutzlose Tat zu bezeichnen. Für Zen-Buddhisten hat sie jedoch eine ganz andere Bedeutung. Ein Großteil ihrer Praxis basiert nämlich auf Gewohnheiten, die Nichteingeweihte leicht als Zeitverschwendung ansehen könnten. Wer danach strebt, zu erwachen, muss in der Lage sein, sein Handeln nicht an den Ergebnissen seiner Arbeit auszurichten, sondern an der Freude, die das Handeln selbst mit sich bringt. Wozu einen Berg besteigen, wenn man ohnehin hinterher wieder heruntersteigen muss? Warum weit weg in den Urlaub fahren, nur um einige Tage später an denselben Ort zurückzukehren? Warum leben, wenn man sterben muss? Wer mit dem Verstand sklavisch am Ergebnis hängt, versteht nicht, dass in dieser vergänglichen Welt das Glück nicht am Ende des Weges, sondern auf dem Weg liegt.

Wer also der Kälte trotzt und schwere Schneemengen hochhebt, stärkt Herz und Geist. Er wird ein neuer

Mensch und kann den Weg, den er für sich gewählt hat, selbst dann weitergehen, wenn auf kurze Sicht all seine Bemühungen vergeblich erscheinen. Er kann Großes erreichen.

Lernen, das Nützliche im Nutzlosen zu sehen

Es liegt in der Natur der Menschen, verstehen zu wollen, warum sie existieren und welchen Zweck ihr Handeln hat. Diese permanente Suche nach dem Sinn ist zwar an sich nicht schlecht, kann aber manchmal zu einer gewissen Entmutigung führen.

Nicht selten haben wir den Eindruck, alles, was wir tun, sei sinn- und zwecklos. Sind wir nicht alle in manchen Lebensphasen wie ein Mensch, der versucht, das Wasser in einem Brunnen mit Schnee zu bedecken? Wenn all unsere Bemühungen, einen Sinn zu finden, sich als fruchtlos erweisen, sollten wir fähig sein, etwas aus dem Herzen heraus zu tun, ohne uns um das Ergebnis zu kümmern. Dann sollten wir uns nicht die Frage stellen, ob unser Handeln effektiv ist, sondern uns stattdessen dafür interessieren, wie unser Gemütszustand dabei ist. Nur wer von ganzem Herzen bei der Sache ist, kann durch das, was er tut, transformiert werden. Zufriedenheit ergibt sich vor allem daraus, wie sehr man sich einsetzen muss. Wer ist schon stolz darauf, ein sechsjähriges Kind im Armdrücken zu schlagen? Auf der anderen Seite kann es eine Quelle der Zufriedenheit sein, der Kälte, der Müdigkeit und schmerzenden Muskeln über lange Stunden hinweg zu trotzen.

Wenn Sie das Gefühl haben, das, was Sie jeden Tag tun, sei nicht so nützlich, wie Sie es gern hätten, dann fragen Sie sich: »Ermöglicht mir diese Routine, dass ich mir bestimmte Charakterzüge aneigne – wenn ja, welche?« Selbst wenn die Aufgaben kein sichtbares materielles Ergebnis haben, können sie uns Geduld, Disziplin, Ausdauer, Geschicklichkeit, Genauigkeit usw. lehren. Fokussieren Sie sich nicht mehr auf den Sinn der Handlung, sondern darauf, wie sie so gut wie möglich ausgeführt werden kann.

Jeder Tag
ist ein
guter Tag.

日日是好日

10. Die richtige Geisteshaltung

Wenn ich irgendwann nicht mehr so müde bin, werde ich mehr Sport treiben«; »Wenn ich mehr Zeit habe, lese ich mehr«; »Wenn weniger Menschen um diese Person herum sind, versuche ich endlich mal, sie anzusprechen«: Die optimalen Bedingungen kommen nie alle zusammen. Wer auf den perfekten Moment wartet, um seine Träume zu verwirklichen, sorgt selbst dafür, dass er in Frustration lebt.

Große Werke werden nicht an einem Tag vollbracht. Nur wer die Kraft findet, zu beginnen, obwohl nichts in Sicht ist, was den künftigen Erfolg garantiert, nimmt sein Schicksal in die Hand.

Der Weise gibt zwar zu, dass es nicht seiner Kontrolle unterliegt, wann der ideale Moment kommt, doch er weiß, dass nur bei ihm allein die Verantwortung liegt, einen idealen Geisteszustand zu schaffen. Ein chinesisches Sprichwort sagt: »Wer sich entschieden hat, erfolgreich zu sein, hat bereits die Hälfte des Weges zurückgelegt.« Für einen solchen Menschen ist jeder Tag gut, denn im Glück wie auch im Unglück kommt er seinem Ziel näher. Selbst Pech wird zu seinem Verbündeten und lehrt ihn wertvolle Lektionen. Wie kann es schlechte Tage für jemanden geben, der entschlossen ist, seine Träume zu leben?

»Der Tee vereinigt Milde und Bitterkeit
und ermöglicht uns so,
das Wesen des Daseins zu verstehen.«

Ein Ritual zur Einstimmung auf den Tag

Im Sport, im Studium und im Berufsleben ist Ausdauer eine unverzichtbare Eigenschaft, um erfolgreich zu sein. Man muss täglich trainieren. Leider ist Motivation von Natur aus flüchtig. So wie Sie Ihre Muskeln vor jeder Anstrengung aufwärmen müssen, sollten Sie auch Ihren Geist jeden Tag darauf vorbereiten, für die Verwirklichung seiner Träume zu kämpfen. Diese vorbereitende Einstimmungsphase sollte zu einem Ritual werden.

Gönnen Sie sich morgens fünf Minuten, um etwas anzuhören, das Sie motiviert, sei es ein Vortrag, ein ermutigender Spruch, eine Meditation oder Musik.

Dieses Ritual wird Gefühle in Ihnen wecken, die Sie den ganzen Tag über tragen. Denn unsere Gefühle und unsere Einstellung ermöglichen dem Verstand, Großes zu vollbringen.

泥仏不渡水

Ein Buddha aus Lehm überquert nicht das Wasser.

11. Der Buddha aus Lehm

Einigen Legenden zufolge kann ein Buddha über das Wasser laufen. Im Buddhismus wird die Metapher des Flusses, der immer in Bewegung ist und niemals aufhört zu fließen, oft auf das menschliche Herz bezogen, das Leidenschaften unterworfen und deswegen fortwährend in Bedrängnis ist. Wie der Lotos, der mitten im Sumpf blüht und dabei seine Reinheit bewahrt, ist ein erwachter Mensch in der Lage, die Leidenschaften wahrzunehmen, ohne zuzulassen, dass sie über ihm zusammenschlagen.

Auch wenn der Buddha selbst in der Lage ist, über Wasser zu laufen, versinken doch seine Statuen aus Stein oder Metall ausnahmslos alle. Ihr Zweck liegt darin, Buddhisten in ihrer Praxis anzuleiten; sie verfügen jedoch in keiner Weise über die Eigenschaften des Buddha. Solche Darstellungen sind nur *nützliche Hilfsmittel.*

Wer seinen Geist ausschließlich auf materielle Dinge richtet, wird nie wahre Weisheit erlangen, sondern ebenfalls von den Fluten mitgerissen. Aus diesem Grund hatte der Buddha seine Schüler gebeten, keine Statuen von ihm zu erschaffen. Er wollte, dass sie die Wahrheit in sich selbst suchten, nicht in der Anbetung von Göttern oder, schlimmer noch, in deren Statuen.

»Tee ist der Schatz des Morgentaus.«

Lernen, Sichtbares vom Unsichtbaren zu trennen

Ein Symbol hat den Zweck, nicht Sichtbares sichtbar zu machen. Darstellungen und Gegenstände übermitteln zwar Werte, aber es ist wichtig, dass die Darstellung nicht wichtiger wird als das Dargestellte.

Wenn Sie merken, dass Sie zu stark an einem Sinnbild der Religion, des Reichtums, der Kultur oder an einem bestimmten Objekt hängen, tun Sie Folgendes:
Schließen Sie fünf Minuten die Augen und visualisieren Sie das betreffende Element. Eine Statue, eine Medaille, ein Auto und ein Geschenk sind nur Gegenstände.
Versuchen Sie sich vorzustellen, wie Sie durch Ihr Wesen und nicht durch materielle Gegenstände dem Ideal, das diese Gegenstände nur bildlich darstellen, näher kommen. Ein Symbol kann zerstört werden,

verloren gehen oder beschmutzt werden, aber ein Ideal und ein Gefühl kann man nicht physisch beschädigen. Dadurch, dass Sie sich von Gegenständen lösen, können Sie Ihrem Ideal näher kommen und die Unbeständigkeit der materiellen Welt leichter ertragen.

大道無門

Der große Weg
ist
ohne Tor.

12. Die Wahrheit lässt sich nicht vereinnahmen

Im Buddhismus wird große Weisheit oft mit einem Diamanten verglichen. Egal, aus welchem Blickwinkel man einen Diamanten betrachtet, sein Glanz ist immer gleich schön: Eben weil er mehrere Facetten hat, kann er glänzen. Der verstandesbegabte Mensch, der sein Ego noch nicht überwunden hat, versucht oft, eine der Facetten dieser großen Weisheit für sich zu beanspruchen – und ist dadurch nicht fähig, die gesamte Pracht zu sehen.

Die Wahrheit ist einmalig und vielfach zugleich. Man kann sie weder durch einen einzigen Namen definieren, noch gelangt man nur auf einem einzigen Wege dorthin. Sie ist allgegenwärtig, verschwindet aber, wenn man versucht, sie zu ergreifen. Jenseits von Dogmen, Zeremonien und Reden gehört sie denen, die sich für sie öffnen, und nicht denen, die vergeblich versuchen, sie zu ihrem Besitz zu machen. Während Unwissende über das Aussehen des Glases streiten, beobachtet der Weise das Wasser, von dem er weiß, dass es in seiner Natur unverändert bleibt, egal welche Form es annimmt.

»Wenngleich in aller Ruhe,
steigt der Duft des Tees in die Höhe,
bis er den Horizont erreicht.«

In einer Auseinandersetzung Punkte der Übereinstimmung wahrnehmen

Wenn Sie sich mit jemandem über ein bestimmtes Thema (Politik, Religion, Lebensweise usw.) streiten, warten Sie einige Sekunden, bevor Sie auf die letzte Erwiderung Ihres Gegenübers antworten. Versuchen Sie in diesem kurzen Moment, Abstand zur Debatte zu gewinnen und sie von außen zu betrachten. Sehen Sie, ob es trotz Ihrer Meinungsverschiedenheiten Ziele gibt, die Sie gemeinsam haben.

Häufig haben Menschen zwar dieselben Ziele, sind aber uneins über die Mittel, diese zu erreichen. Die Existenz gemeinsamer Ziele in den Vordergrund zu stellen, macht die Debatte konstruktiver und weniger hitzig. Der andere ist kein Feind, sondern einfach jemand, der eine andere Lösung für ein gemeinsames Problem vorschlägt.

他不是吾

Er ist nicht ich.

13. Dinge selbst erledigen

Um sein Verständnis des Buddhismus zu vervollkommnen, besuchte Dōgen (道元, 1200–1253), ein japanischer Mönch, der als Gründer der Sōtō-Zen-Schule bekannt ist, 1223 China. Auf seiner Reise begegnete er einem alten Mönch. Als er sah, dass dieser körperlich anstrengende Aufgaben erledigte, fragte er ihn: »Wäre es nicht besser, jemand anderen zu bitten, das für Sie zu erledigen?« Der alte Mönch erwiderte: »Ein anderer ist nicht ich.«

Im Westen wird Zen oft auf die Praxis der Sitzmeditation reduziert. Diese ist jedoch kein Selbstzweck, sondern ein Mittel zum Zweck. Wer sich von Unwissenheit befreien will, sollte sich nicht auf diese Praxis beschränken, sondern jeden Augenblick des Lebens in eine Zeremonie zur Reinigung von Körper und Geist verwandeln können. Putzen, Holzhacken, Gartenarbeit, Kochen: All diese aufwendigen Aufgaben sind notwendig, um zu überleben. Sie sind auch eine Gelegenheit, an sich selbst zu arbeiten (修行). Wer seine Autorität, seinen Charme oder seine Stärke einsetzt, um jemanden dazu zu bringen, solche

Aufgaben für ihn zu erledigen, wird sich zwar einige Anstrengung ersparen, aber nicht von dem profitieren, was diese Arbeiten ihm bringen können.

> »DADURCH, DASS MAN DIE VERANTWORTUNG FÜR EINE FAMILIE ÜBERNIMMT, VERSTEHT MAN DEN WAHREN WERT VON REIS UND TEE.«

DEN ALLTAGSVERRICHTUNGEN EINEN SINN GEBEN

Wenn Sie immer wieder eine Aufgabe erledigen müssen, die Ihnen undankbar erscheint, finden Sie heraus, was sie Ihnen bringen könnte. Betrachten Sie sie nicht als Zeitverschwendung, sondern als Gelegenheit, von neuen Fähigkeiten zu profitieren. Versuchen Sie, allem, was Sie tun, einen Sinn zu verleihen. Hausarbeit, Sport treiben oder auch eine monotone Arbeit – all das kann Ihnen Disziplin und andere Fähigkeiten vermitteln, die Ihnen künftig von Nutzen sind. Wenn Sie den Wert einer Tätigkeit nicht erkennen, liegt es bei Ihnen, ihr einen Sinn zu verleihen. Falls dieser Sinn nicht direkt ersichtlich ist, nehmen Sie sich etwas Zeit, sich hinzusetzen und sich vorzustellen, was diese Aufgabe Ihnen idealerweise in Zukunft bringen könnte. Schreiben Sie es anschließend auf.

一行三昧

Jede Handlung ist eine tiefe Meditation.

14. Das Ich im Handeln zum Verschwinden bringen

In unserer materialistischen Gesellschaft legen viele Menschen übertriebenen Wert auf die Früchte ihrer Handlungen. Für sie zählt nur das Ergebnis. Für Zen-Meister wiederum kommt es weniger auf die Handlung selbst an als vielmehr auf die Geisteshaltung, in der sie ausgeführt wird. Putzen, Kochen, Gärtnern und Kalligrafie gehören zwar zu den täglichen Aktivitäten der Mönche, aber weder die Sauberkeit ihres Zimmers, die Qualität der von ihnen zubereiteten Speisen noch die Schönheit ihres Gartens oder ihrer Schriften bringt ihnen das Erwachen. Tägliche Aufgaben, die auch die meisten Laien ausführen, werden nur dann zu einer spirituellen Praxis, wenn die Person, die sie ausführt, sich ganz dem gegenwärtigen Augenblick hingibt.

Samādhi bezeichnet einen Zustand absoluter Konzentration, in dem das Ich hinter dem Tun zurücktritt. In einer solchen geistigen Verfassung können alle Aktivitäten zum Erwachen führen, ob Meditation, das Lesen eines heiligen Textes, Kalligrafie, Golf oder Spülen. Die Ergebnisse unseres Handelns können uns zwar materielle Güter bringen, doch nur echtes Aufgehen in dem, was wir tun, kann unser Herz bereichern.

»In der Tasse Tee nach dem Essen –
darin finden Literaten ihre Inspiration.«

真宝泥中異

Ein echter Schatz hebt sich vom umgebenden Schlamm ab.

15. Ein echter Schatz

Neben dem Lotos verwenden Buddhisten wie erwähnt oft die Metapher des Diamanten, um die Natur der großen Weisheit zu beschreiben. Nachdem der Buddha sich allein in den Wald zurückgezogen hatte, um sich selbst zu finden, verbrachte er den Rest seines Lebens umgeben von vielen Menschen. Wie ein Diamant, der auch im Schlamm weiterhin glänzt, so kann auch ein Mensch, der erfolgreich sein Ego überwunden hat, in dieser Welt leben, ohne von ihrem Auf und Ab betroffen zu sein.

Dieses Zen-Sprichwort lehrt uns auch: Egal wie schwierig das (familiäre, berufliche usw.) Umfeld auch sein mag, wer herausragend ist, wird von denjenigen, die etwas von Wert zu schätzen wissen, immer bemerkt. Leider versuchen viele, in der Gesellschaft aufzusteigen, obwohl sie noch nicht einmal die notwendige Arbeit an sich selbst geleistet haben. Vergessen wir nicht, dass der Diamant ursprünglich nur ein gewöhnlicher Stein ist, den niemand bemerkt. Nicht dadurch, dass ihm etwas hinzugefügt wird, kann dieser Stein glänzen, sondern dadurch, dass man ihn poliert und von Überflüssigem befreit. Wie könnte jemand, der sich nicht zuallererst selbst ändert, hoffen, dass sich sein Leben ändert?

»Damit oben an der Pflanze Knospen spriessen,
muss man erst ihre Wurzeln
unter der Erde düngen.«

漁夫生涯竹一竿

Ein Fischer braucht nur eine Angelrute.

16. Wissen, was wirklich wichtig ist

Obwohl unsere westlichen Gesellschaften von einer Wirtschaftskrise betroffen sind, sind nur wenige unmittelbar von Nahrungsmangel oder vom Hungertod bedroht. Meinungsumfragen zeigen, dass die Franzosen und die Deutschen zu den pessimistischsten Menschen der Welt gehören. Wie lässt sich erklären, dass Thailand, wo die Menschen unter viel schwierigeren Bedingungen leben, als *Land des Lächelns* bezeichnet wird, während viele Westeuropäer allem Anschein nach in Depressionen versinken?

Die Unfähigkeit, Wesentliches von Überflüssigem zu unterscheiden, ist einer der Faktoren, die zu Lebensüberdruss führen. Ein sorgfältig polierter, mit schönen Inschriften gravierter und mit Blattgold überzogener Stab ist zweifellos eindrucksvoller als der einfache Ast eines Baumes. Für einen Fischer machen die beiden jedoch keinen Unterschied aus, denn sein Überleben und sein Glück hängen davon ab, wie stark der Stab ist, nicht davon, wie er aussieht. Wenn es die Umstände zulassen, kann er seine Angelrute zwar verschönern, aber es sollte ihn nicht bekümmern, wenn sie nicht so ansprechend aussieht wie die seines Nachbarn.

Wer sich die Freude am Leben erhalten will, darf seinen Sinn für Prioritäten nicht vom Blick anderer beeinflussen lassen. Wie könnte sich jemand voll entfalten, der den Traum anderer zu leben versucht?

»Besser ein Tag ohne Essen
als ein Tag ohne Tee.«

Die eigenen Wünsche in eine Rangfolge bringen

Wenn Sie etwas wollen und Zeit, Energie und Geld dafür aufwenden, es zu erlangen, nehmen Sie sich ein paar Minuten und fragen Sie sich: »Will ich diese Sache um ihrer selbst willen oder hoffe ich, dass sie mir etwas anderes bringt?«

Wenn Sie merken, dass Sie sich in Wirklichkeit einen anderen Nutzen davon erhoffen, stellen Sie sich – auf diesen anderen Nutzen bezogen – erneut dieselbe Frage: »Will ich diese Sache um ihrer selbst willen oder hoffe ich, dass sie mir etwas anderes bringt?« Lassen Sie sich Zeit, um bis an den Anfang der Kette zurückzugelangen. So gewöhnen Sie sich an, zwischen Mittel zum Zweck und Ziel zu unterscheiden, bis Sie schließlich in der Lage sind, sich selbst von Grund auf zu verstehen und zwischen dem, was Ihnen wirklich wichtig ist, und dem, was nicht wichtig ist, zu unterscheiden.

忘荃

Die Falle vergessen

17. Die Mittel zum Zweck vom Ziel unterscheiden

Im Christentum spielt der Begriff der Sünde eine wesentliche Rolle, im (Zen-)Buddhismus hingegen das Konzept der Illusion. Letztere ist der Grund dafür, dass der Mensch in Unwissenheit versinkt, was zu Unglück und Leid führt.

Eine der am weitesten verbreiteten Formen der Illusion ist die Verwechslung von Ziel und Mittel zum Zweck. In der Tat messen viele beim Verfolgen ihres Ziels den Mitteln zu viel Bedeutung bei. Sie klammern sich an diese und verlieren dabei das endgültige Ziel ihres Handelns aus den Augen. So wird ihr Eifer zu einer Erfolgsbremse. Eine Falle ist zwar unerlässlich, um den Fisch zu fangen, aber sobald sie nicht mehr genutzt wird, muss man sich von ihr trennen können, denn nur der Fisch ist wichtig.

Der Buddha pflegte seinen Schülern zu erklären, seine Unterweisungen und die Lehre im Allgemeinen seien mit einem Floß vergleichbar. Der Beginn der spirituellen Reise kann mit der Überquerung eines Flusses verglichen werden, der über die Ufer getreten ist – er repräsentiert die Leidenschaften. Ohne ein robustes Boot wird derjenige, der sich ins Wasser wagt, wahrscheinlich von den Wellen mitgerissen. Die zweite Etappe ist mit einer Bergbesteigung vergleichbar. Das Floß war zwar unerlässlich, um zum Fuß des heiligen Berges am anderen Flussufer zu gelangen, doch dort muss man sich von ihm trennen, um den langen Aufstieg zu beginnen. Sich vom Floß trennen heißt nicht, dass man es zerstören soll, sondern dass man es ans andere Ufer zurückschickt, damit es von anderen benutzt werden kann.

»Wenn Tee richtig temperiert getrunken wird,
kann er die Lebensdauer verlängern,
aber kochend heiss ist er ungesund.«

Weniger urteilen

Die Erfahrung des Lebens machen wir, ohne dass wir vorher eine Gebrauchsanweisung erhalten haben. Wenn wir zur Welt kommen, sind wir alle auf derselben Stufe, alles muss noch erlernt und entdeckt werden. Unabhängig von unserem jetzigen Wissensstand, waren wir irgendwann alle Anfänger in dem, was wir tun.

Wenn wir eine Methode, ein Verhalten oder einen Geisteszustand lediglich als *gut* oder *schlecht* beschreiben, ermöglicht uns das keine harmonischen Beziehungen zu anderen – noch nicht einmal eine versöhnliche Sicht unserer selbst. Wenn Ihr kritischer Geist Sie dazu verleitet, andere oder sich selbst zu hart zu verurteilen, dann …

… nehmen Sie sich die Zeit, sich Folgendes klarzumachen: Als Kinder haben wir das Radfahren mit zwei Stützrädern gelernt, um nicht umzufallen. Solche Stützräder bremsen das Rad zwar unbestreitbar ab, aber sie ermöglichen es Anfängern eben auch, sich nicht zu verletzen. So wurde verhindert, dass wir gleich zu Beginn schwer stürzten und uns deswegen nie wieder aufs Rad trauten. Doch sobald wir die Grundlagen erlernt hatten, mussten die beiden Stützräder entfernt werden.

Die Stützen an sich sind weder gut noch schlecht: Ihr Einsatz ist lediglich eine Zwischenetappe, die überwunden werden muss. Auch wenn in seltenen Fällen jemand als Erwachsener noch – oder wieder – Stützräder braucht, ist das kein Grund, darüber zu spotten.

Wenn Sie sich dies ins Gedächtnis gerufen haben, können Sie dazu übergehen, zu prüfen, wie sie sich selbst oder das Verhalten anderer beurteilen.

Kritisieren Sie einen echten Fehler oder machen Sie sich einfach über jemanden lustig, der, wie ein Kind, noch seine beiden kleinen Stützräder benutzt? Im zweiten Fall können Sie die Person mit mehr Mitgefühl betrachten. Sie brauchen nur noch in Erfahrung zu bringen, ob diese Etappe schon jetzt überwunden ist oder für die Person oder Sie selbst noch notwendig.

Achten Sie stets darauf, sich gegen Dogmatismus zu wappnen. Es kommt vor, dass wir unsere eigenen Werte als absolute Wahrheit betrachten, obwohl sie in Wirklichkeit nichts weiter sind als Stützräder. Ohne ein gewisses Maß an Arbeit an uns selbst laufen wir Gefahr, einen Weisen zu kritisieren, der das, was wir für absolut notwendig erachten, gar nicht mehr zu benutzen braucht.

真味只是淡

Der wahre Geschmack ist einfach.

18. Die wahre Natur der Dinge

»Das Leben ist kurz, also nutze es« – diese Feststellung steht im Zentrum des Zen-Denkens, wird aber auch von vielen geäußert, die ihr Fehlverhalten rechtfertigen wollen. Sie bringt manche dazu, sich für ein sehr einfaches Leben zu entscheiden, bewirkt aber auch, dass andere leichtsinnig Risiken eingehen und in einem ausschweifenden Lebensstil schwelgen. Der chinesische Philosoph Hong Zicheng (洪自诚, 1572–1620) erklärt in seinen Schriften, dass wahre Kochkunst nicht in zu stark gewürzten Gerichten liegt, sondern in solchen mit einem ausgewogeneren Geschmack. Übermäßig viel Zucker, Pfeffer, Salz oder Fett kann den Gaumen zwar für eine gewisse Zeit verführen, aber auf lange Sicht bewirken Speisen mit einem sehr ausgeprägten Geschmack entweder, dass wir ihrer überdrüssig werden, oder, dass wir gesundheitliche Probleme bekommen.

Lebensmittel, die unserem Körper guttun, mögen uns zunächst vielleicht weniger schmackhaft erscheinen, aber sobald die Zunge die durch frühere Exzesse entstandene

Unempfindlichkeit wieder verloren hat, kann sie den feinen Geschmack dennoch wahrnehmen.

»Carpe diem« – ein unbewusster Mensch beteuert diese Maxime lauthals und vergeudet in dem Glauben, sie zu begreifen, sinnlos sein Leben. Der Weise hingegen, dem sehr wohl bewusst ist, dass jeder Augenblick einzigartig ist, entwickelt seine Empfindsamkeit, damit das Gewöhnliche mit dem Wunderbaren verschmilzt. Während die einen sich in einer Flucht nach vorn verlieren, um nicht von ihrer größten Angst, der Langeweile, eingeholt zu werden, verwandeln andere jeden Augenblick ihres Lebens in Poesie und steigern das Kostbarste, was sie haben: ihre Menschlichkeit.

Die Empfindsamkeit schärfen

In seinem Buch *Verdammt zum Glück*[1] warnt Pascal Bruckner davor, zu sehr vom Blick anderer abhängig zu sein, denn dieser bringt Menschen dazu, »unglücklich zu sein, weil sie nicht glücklich sind«. Einst ein Ideal, ist Glück zu einem gesellschaftlichen Imperativ geworden. Es hat sich von einer edlen Bestrebung zu einem Tyrannen entwickelt: Moderne Menschen wissen nicht mehr, wie sie sich am Leben

---

1 Pascal Bruckner: *Verdammt zum Glück. Der Fluch der Moderne.* Aufbau Verlag, Berlin 2001.

freuen können, und müssen daher erst in den Augen der anderen glücklich wirken, bevor sie sich erlauben, für sich selbst glücklich zu sein. Glück ist also kein Geisteszustand mehr, sondern etwas, das man nach außen zeigen muss. Doch mit der Entwicklung der sozialen Netzwerke und der exponentiellen Zunahme von Selfies, eines außergewöhnlicher als das andere, ist es inzwischen äußerst schwierig, den Eindruck zu vermitteln, wir seien ebenso glücklich wie die Menschen um uns herum. Immer mehr Spaß, immer extravaganter, immer grandioser: Nur eine solide Marketingstrategie ermöglicht es, unser Leben so »zurechtzuzimmern«, dass es das Interesse derjenigen weckt, die uns auf virtuellen Plattformen folgen.

Wenn Sie sich dabei ertappen, dass Sie die Lebensweise eines anderen Menschen interessanter finden als Ihre eigene, und die Person beneiden, denken Sie an Folgendes: Fülle erlangt man nicht dadurch, dass man unglaubliche Dinge besitzt oder erlebt, sondern sie stellt sich vor allem dann ein, wenn man fähig ist, jeden Augenblick voll und ganz wahrzunehmen. Ein Alkoholiker kennt den wahren Geschmack von Wein nicht – nur ein Kenner kann einen großen Jahrgang genießen. Ein Vielfraß schlingt zweifellos mehr Essen herunter als ein Gourmet, aber wer von beiden empfindet Ihrer Meinung nach den größeren Genuss? Bevor Sie versuchen, Ihr Leben zu ändern, nehmen Sie sich etwa zehn Minuten Zeit und schreiben Sie auf, was Sie täglich gern intensiver wahrnehmen möchten.

騎牛求牛

Den Ochsen suchen, auf dem man sitzt

19. Erkennen, was man hat

Den Blick auf den Horizont gerichtet, sucht der Verrückte nach einem Ochsen. In seiner Geistesverwirrung hat er vergessen, dass er schon auf dem Rücken des Tieres sitzt. Da Menschen unbedingt Erfolg haben wollen, meinen viele, immer weiter, immer höher schauen zu müssen. Den Blick auf die Zukunft gerichtet, quälen sie sich unaufhörlich, solange sie das Objekt ihrer Begierde nicht vor sich sehen. Sie suchen ihr Glück in der Anschaffung neuer Dinge und vergessen darüber, dass sie das, was sie in Wirklichkeit suchen, oftmals bereits besitzen.

In einer Identitätskrise suchen manche verzweifelt nach einer Rückbindung zu einer Form der Spiritualität. Letztere findet sich nicht in Kultstätten oder Rückzugsorten, die irgendwo in entlegenen Regionen errichtet worden sind, sondern in uns selbst. Ein Zen-Praktizierender ist nicht darauf aus, ein neuer Mensch zu werden, sondern will einfach seine eigene Natur wiederfinden. Wie kann jemand, der den Blick nicht aus seiner Ausrichtung auf die Ferne löst, den Ochsen sehen, auf dem er sitzt?

»Selbst in Teeresten
kann man Glück finden.«

Lernen, dankbar zu sein für das, was man hat

Wenn Sie sich dabei ertappen, dass Sie Ihr Leben negativ beurteilen, machen Sie Folgendes:
Erstellen Sie eine Liste der Dinge, die Sie sich in den letzten fünf Jahren gewünscht haben. Sorgen Sie dafür, dass die Liste so vollständig ist wie möglich. Lassen Sie nichts aus: nicht die alltäglichen Dinge, die Sie kaufen wollten, die Kurzreisen, die Sie unternehmen wollten, die Leute, die Sie gern treffen wollten, und auch nicht die Arbeitsaufgaben, die Sie erledigen wollten.
Wenn die Liste fertig ist, streichen Sie alles, was Sie bereits erhalten oder erreicht haben, durch. So können Sie erkennen, dass das Leben Ihnen einen großen Teil dessen gewährt, was Sie sich wünschen.

Betrachten Sie die Einträge, die Sie nicht durchgestrichen haben, nicht als etwas, das Sie nicht erhalten haben, sondern als Chancen für die Zukunft, denn genau darin – in dem, was noch nicht erreicht worden ist – findet das Leben seinen Sinn.

下載清風

Ballast abwerfen und sich vom Wind davontragen lassen.

20. Ballast abwerfen

Wie ein Boot, das die Wellen auf seinem Weg ungehindert durchquert, kann der Geist eines Buddha die Wechselfälle dieser Welt mühelos überwinden. Nicht das Wasser bringt das Boot in Bewegung, sondern der unsichtbare Wind, der die Segel bläht. In diesem Sinne wird der Erwachte nicht von Leidenschaften geleitet, sondern von der Weisheit. Letztere ist universell, sie beeinflusst uns alle. Dennoch sollten wir nicht vergessen, dass selbst ein Sturm ein Schiff nicht vorantreiben kann, das zu schwer beladen ist, um zu schwimmen.

Die meisten Menschen wollen gewöhnlich immer mehr anhäufen, so als müssten sie beim *Haben* anfangen, um zu *sein*. Wie ein Schiffskapitän, kann auch der Weise zwischen dem Unentbehrlichen und dem zusätzlichen Beiwerk unterscheiden. Sein Schiff ist nicht überladen und kann die Meere frei überqueren.

»Es ist sinnlos, an den jungen Trieben zu ziehen, um sie zum Wachsen zu bringen.«

Weniger haben wollen, um mehr zu profitieren

In unserer Wohlstandsgesellschaft gilt Mangel als absolutes Übel und materieller Komfort als Schlüssel zum Glück. Wir haben gelernt, dass wir, um glücklich zu sein, immer mehr besitzen müssen. Es mag zwar stimmen, dass nichts trauriger ist als ein völlig leerer Raum, aber ein überquellender Raum ist der persönlichen Entfaltung ebenso wenig förderlich. Wenn wir so viel besitzen, dass es nicht mehr verstaut werden kann, können wir uns nicht mehr frei bewegen. Halten wir uns stets vor Augen, dass jedes neue Objekt, das wir uns aneignen wollen, ein überladenes Durcheinander nach sich zieht, das körperlicher, aber auch geistiger Natur sein kann. Welche Lebensqualität können wir erwarten, wenn unser Geist vor mehr oder weniger erreichbaren materiellen Wünschen überquillt? Träume zu haben, ist gut, aber sie dürfen uns nicht so in Beschlag nehmen, dass wir vergessen, das zu genießen, was wir hier und jetzt haben.

Wenn Sie sich im Alltag unwohl fühlen oder niedergeschlagen sind und dadurch den Eindruck haben, der freie Fluss in Körper und Geist sei blockiert, tun Sie Folgendes: Setzen Sie sich dorthin, wo Sie sich tagsüber größtenteils aufhalten, und schauen Sie sich diesen Ort genau an.

Halten Sie bei jedem Gegenstand inne und versuchen Sie sich einen Moment lang vorzustellen, wie es wäre, wenn dieses Objekt verschwände. Wenn diese Vorstellung Sie traurig macht, lassen Sie den Gegenstand an seinem Platz; doch wenn Sie nicht das Gefühl haben, einen Verlust zu erleiden, dann überlegen Sie, ob Sie ihn an einem geeigneteren Ort unterbringen können oder sich von ihm trennen sollten. Damit es uns besser geht, ist es bisweilen nötig, weniger zu haben.

Wenn Sie die Übung beendet haben, versuchen Sie, mit Ihrem Geist ebenso zu verfahren. Meditieren ist mit dem Aufräumen eines Zimmers vergleichbar. Man sollte nicht alle Gegenstände wegwerfen und auch nicht nur die behalten, die nützlich sind, sondern einen Mittelweg finden zwischen dem, was bewahrt, und dem, was entfernt werden soll. Nehmen Sie sich die Zeit, jeden Wunsch, der regelmäßig in Ihrem Geist aufkommt, anzusehen und wie ein Ding zu betrachten. Sie gehören diesen Wünschen nicht, sondern die Wünsche gehören Ihnen. Wir müssen lernen, unsere Wünsche zu kontrollieren. Es geht nicht um Wunschlosigkeit, sondern darum, sich nur das zu wünschen, was einem wirklich etwas bringt. Also, werfen Sie Ballast ab.

魚行水濁

Ein vorbeischwimmender Fisch trübt das Wasser.

21. Jede Handlung hinterlässt eine Spur

Eines schönen Frühlingsnachmittags schwimmt ein Fisch friedlich in der Mitte eines Flusses. Plötzlich bemerkt er von Weitem die Schritte eines herannahenden Fischreihers. Bevor der Reiher ihn wahrnimmt, schwimmt der Fisch eilig in die entgegengesetzte Richtung und sucht Zuflucht unter einem Felsen. Regungslos späht er seinen Fressfeind aus, der ihn scheinbar gar nicht entdeckt hat. Doch kurz darauf stürzt der Reiher zu dem Stein, unter dem seine Beute versteckt ist, und ergreift sie. Manchmal scheint das Schicksal ungerecht zu sein. Warum genügte es nicht, dass der Fisch lange, bevor er von seinem Henker entdeckt wurde, mit der gebotenen Vorsicht floh, um gerettet zu werden? Das Ego treibt viele ins Verderben. Völlig eingenommen von der Vorstellung, sich zu verstecken, merkte der Fisch nicht, dass er beim schnellen Schwimmen Schlamm auf seinem Weg aufwirbelte. Und so konnte der Reiher den Fisch dennoch finden, indem er der Bahn des trüben Wassers folgte, die dieser hinterlassen hatte.

Für Zen-Buddhisten ist das Schicksal kein geheimnisvolles Phänomen: Es ergibt sich einfach aus dem Gesetz von Ursache und Wirkung. Gute wie auch schlechte Taten hinterlassen eine Spur und bald manifestiert sich das Schicksal.

Stets untersuchen, wie weit man selbst für etwas verantwortlich ist

Wenn mehrere unangenehme Ereignisse in Ihrem Leben auftreten und Sie sich dabei ertappen, dass Sie sich als Opfer betrachten, machen Sie Folgendes: Gehen Sie prinzipiell davon aus, dass so etwas wie Pech nicht existiert, und nehmen Sie sich die Zeit, alle Ursachen, die zu einem solchen Ereignis geführt haben, objektiv zu analysieren. Versuchen Sie nicht, jemandem die moralische Verantwortung zuzuschreiben, sondern ermitteln Sie einfach alle beteiligten Parteien. Wenn der Funke nicht mit dem Pulverfass in Kontakt kommt, gibt es keine Explosion.

Finden Sie heraus, was Sie hätten tun können, um dieses Ereignis zu vermeiden, und bemühen Sie sich, es umzusetzen, wenn Sie erneut mit einer ähnlichen Situation konfrontiert werden. Lebensqualität gewinnt man nicht, indem man nach einer Auseinandersetzung beweist, dass man im Recht war, sondern dadurch, dass man einen Konflikt vermeiden kann, noch bevor er entsteht.

Bei Kälte klettert der Hahn auf einen Baum und die Ente taucht ins Wasser.

雞寒上樹鴨寒下水

22. Jeder geht seinen eigenen Weg

Wie das Christentum und der Islam, hat auch der Buddhismus mehrere Schulrichtungen. Zen unterscheidet sich von anderen Schulen durch den zentralen Platz, den es der Sitzmeditation einräumt. Einer Legende zufolge fragte einmal ein Zen-Mönch seinen Meister: »Unterscheidet sich unser Buddhismus von dem anderer oder ist er genauso?« Sein Gesprächspartner antwortete: »Wenn es kalt ist, klettert der Hahn auf die Zweige eines Baumes und verharrt dort regungslos, während die Ente ins Wasser taucht und schwimmt, um sich warm zu halten.«

Durch seine getäuschte Wahrnehmung in Verwirrung gebracht, verwechselt der Mensch oft Ziele und Mittel. »Alle Wege führen nach Rom.« Warum dann andere drängen, denselben Weg zu gehen wie man selbst? Würde die Ente den Hahn bei Wintereinbruch nötigen, ins Wasser zu gehen, hätte das mit Sicherheit den Tod des Hahns zur Folge. Religion muss den Menschen ermöglichen, sich mit dem Göttlichen zu verbinden, nicht zuletzt dadurch, dass das Ego überwunden wird. Ob man dieses

Buch liest oder ein anderes, ob man eine sitzende Position einnimmt, rituelle Waschungen ausführt oder Niederwerfungen macht – all das sind nur Mittel zum Zweck. Wer sie als Selbstzweck betrachtet, läuft Gefahr, in Intoleranz zu verfallen und sich damit von seinem wahren Ziel zu entfernen: dem Einswerden mit dem *Ganzen*.

Lernen, Kritik zu ertragen und dabei nicht vom eigenen Weg abzuweichen

Die verletzendsten Kritiken kommen oft von den Menschen, die uns am meisten am Herzen liegen. Wenn Familienangehörige oder Freunde Ihre Lebensentscheidungen kritisieren und Sie das verletzt, denken Sie an die Fabel vom Hahn und der Ente. Machen Sie sich klar, dass die Kritik sich nicht gegen Sie selbst richtet, sondern gegen Ihre Entscheidungen – und diese entsprechen Ihrem eigenen Wesen, nicht dem der Kritiker! Es ist wichtig, die Missbilligung der anderen nicht als Vorwurf oder Verachtung zu sehen, sondern als eine etwas ungeschickte Art und Weise, ihrer Befürchtung Ausdruck zu verleihen, dass diese Entscheidung Sie unglücklich machen könnte. Wenn Sie ein Hahn sind, bleiben Sie auf Ihrem Baum, aber seien Sie dankbar für den Rat der Ente, denn auch wenn Sie nichts damit anfangen können, so hatte er doch keinen anderen Zweck als Ihr Wohl.

In den letzten Stunden des Tages fegt ein Mönch Blätter am Ufer eines Flusses zusammen.

溪辺掃葉夕陽僧

23. Die Probleme des Vortags wegfegen

Langsam versinkt die Sonne am Horizont, wieder neigt sich ein Tag dem Ende zu. Während die Hektik der Stadt sich noch nicht gelegt hat, fegt ein Mönch auf dem Platz vor seinem Tempel friedlich das Laub weg. Die wohlverdiente Nachtruhe erwartet ihn. Doch wie jeden Abend vor dem Schlafengehen, nimmt er sich bewusst etwas Zeit zum Fegen. Der Zustand des Tempels spiegelt den Zustand seines Herzens wider. Er beseitigt nicht nur das Laub, sondern auch seine schlechten Gedanken. Denn er könnte sich nicht weiterentwickeln, wenn er fortwährend über Ereignisse aus seiner Vergangenheit nachgrübeln würde.

Es heißt, Meditation reinige das Herz, aber leider hat kein Reinemachen eine endgültige Wirkung. Täglich fallen neue Blätter; wenn der Mönch sie nicht mehr beseitigt, häufen sie sich an, sodass niemand mehr den Tempel betreten kann. Wenn wir uns von sozialen Verpflichtungen vereinnahmen lassen und die spirituelle Praxis einstellen, könnten wir schnell alles bislang Erreichte wieder verlieren. Aufs Neue in Unwissenheit verfallen, würden wir uns schon bald über die Nutzlosigkeit unserer bisherigen Bemühungen beschweren. Meditation ist kein Wundermittel gegen Leiden, sondern eine Lebensweise. Wie könnten wir darauf hoffen, von ihrer Wirkung zu profitieren, wenn wir ihr in unserem Alltag keinen Platz mehr einräumen?

»Wer will, dass seine Teepflanze wächst,
muss zusehen, dass er jedes Jahr
das Unkraut entfernt.«

Sich täglich Zeit nehmen, die Wirkung der Vergangenheit abzumildern

Leid hat seine Wurzeln selten im gegenwärtigen Moment. Oft resultiert es aus der Beziehung zu einem ungelösten vergangenen Ereignis. Dieses Ereignis wird schnell zu einer Art Gefängnis für den Geist, der es sich unaufhörlich wieder ins Gedächtnis ruft. Die Vorstellungskraft gesellt sich zur Erinnerung, sodass uns das Gehirn dann – nachdem es uns die Ereignisse noch einmal hat durchleben lassen – in die Zukunft versetzt und uns mögliche negative Folgen dieser Ereignisse zeigt. So nehmen wir unsere Vergangenheit, ob nah oder weit zurückliegend, als eine Quelle des Scheiterns wahr und das Glück

scheint in hoffnungslose Ferne zu rücken. Um glücklich zu sein, muss der Geist die Möglichkeit haben, frei auf dem Lebensweg unterwegs zu sein. Doch das kann er nur, wenn die Blätter vorher weggefegt worden sind. Reinigen bedeutet nicht, das Laub einfach hinter einem Baumstamm zu verstecken, den Blicken entzogen, denn bei der geringsten Windböe wäre es wieder da. Schlaflosigkeit und mangelndes Selbstvertrauen weisen darauf hin, dass Gefühle vorhanden sind, die sich im Herzen festgesetzt haben. Wenn sich solche Symptome in Ihrem Leben zeigen, machen Sie jeden Tag vor dem Schlafengehen Folgendes:
Lassen Sie Ihren Geist frei schweifen und beobachten Sie, auf welche Gedanken er sich konzentriert. Oft ist es die Erinnerung an einen Streit oder eine Lebensphase, in deren Verlauf Sie eine Fehlentscheidung getroffen haben. Versuchen Sie nicht, die Aufmerksamkeit abrupt von diesen Gedanken abzuwenden, denn das wird Ihnen nicht gelingen. Erinnern Sie sich stattdessen so genau und detailliert wie möglich an diese Momente.

Analysieren Sie Ihre Erinnerung und nehmen Sie dabei einen neutralen Standpunkt ein. Suchen Sie nicht nach einer Person, die Schuld am Geschehenen hat, sondern schauen Sie einfach, welche Lehren Sie aus diesen Ereignissen ziehen können. Betrachten Sie sie nicht mehr als Belastung, sondern lernen Sie, sie als Erfahrungen zu sehen, die Ihnen – als solche aufgefasst – helfen können, Ihre Sensibilität und Menschlichkeit zu steigern.

Wenn Sie jeden Tag so verfahren, werden Sie geistig unbeschwerter. Sie wollen frei leben oder Großes vollbringen? Dann vergessen Sie nie, wie wichtig es ist, sich Zeit zu nehmen und damit zu beginnen, das Laub wegzufegen.

喫茶去

Tee servieren.

24. In jeder Situation freundlich bleiben

Es ist nicht nötig, sich in die Bergeinsamkeit zurückzuziehen, um Körper und Geist zu schulen: Die Weisen lehren uns, dass jeder Tag unseres Lebens, jeder Moment unseres Alltags eine wunderbare Gelegenheit ist, auf dem Weg zum Erwachen voranzuschreiten. »Sei in der Lage, Tee zu servieren.« Während manche Praktizierende unter einem Wasserfall meditieren, üben sich andere auf den Rat ihres Meisters hin darin, ein Getränk zu servieren. Was mag wohl der Zweck einer solchen Praxis sein, die dem, was im Westen Kellner in Cafés tun, sehr ähnlich zu sein scheint?

Wichtig ist nicht die Handlung an sich, sondern die Einstellung, mit der sie ausgeführt wird. In Japan beschränkt sich das Teeservieren nicht nur darauf, dem Gast eine Schale zu bringen, sondern auch das Lächeln und gute Laune gehören zum Service. Was hat das mit dem Buddhismus zu tun? Zen besteht darin, den Geist zu schulen, damit er sich nicht mehr in Unruhe versetzen lässt, weder vom Körper noch durch äußere Ereignisse. Zen-

Praktizierende müssen auch dann lächeln können, wenn sie müde oder mit persönlichen Problemen beschäftigt sind. Sie müssen in der Lage sein, diesen vertrauten Moment aufrichtig zu schätzen, auch wenn die Person, der sie den Tee servieren, ihnen unsympathisch ist.

In jeder Lage das Lächeln bewahren

Manche unter normalen Umständen freundliche Menschen werden tendenziell unangenehm, sobald sie schlecht gelaunt sind. Sowohl in der Liebe als auch im Arbeitsleben kann jedoch ein Lächeln der Beginn einer vielversprechenden Begegnung oder eines von Erfolg gekrönten Gesprächs sein.

Wenn schlechte Laune Ihre Einstellung gegenüber anderen verändert, überdenken Sie Ihr Verhalten und fragen Sie sich: »Wenn jemand mit mir so umgegangen wäre, was würde ich anschließend von ihm halten? Würde ich trotzdem etwas mit der Person zu tun haben und ihr helfen wollen?« So können Sie einschätzen, inwieweit fehlende Höflichkeit, und sei es nur ein Moment, die Menschen um Sie herum und Ihre Zukunft beeinflussen kann.

Wenn Sie unhöflich behandelt worden sind und dadurch Ihre gute Laune verloren haben, dann stellen Sie sich eine Rose vor und nehmen Sie sie als

Vorbild. Denn diese Blume ist deswegen berühmt, weil sie selbst dann einen zarten Duft verströmt, wenn man ihr nur Mist als Dünger gibt. Warten Sie nicht darauf, dass andere Sie respektieren, um selbst höflich zu sein. Denn eben durch Ihre Fähigkeit, in jeder Situation Ihre Würde zu bewahren, können Sie anschließend Bewunderung genießen.

風従花裏過来香

Der Wind
trägt den Duft
der Blumen
mit sich,
durch die er
weht.

25. Das Nicht-Ich

Das Nicht-Ich ist ein zentrales Konzept des buddhistischen Denkens – und das am wenigsten verstandene. Nicht die Existenz des individuellen Geistes wird von Zen-Praktizierenden geleugnet, sondern die voreingenommene Ansicht, er sei etwas völlig Unabhängiges und Unveränderliches. Ebenso wie der Wind, hat der Geist weder Form noch Farbe; doch wie die Frühlingsbrise, die den Duft der Baumblüten annimmt, wenn sie durch die Zweige weht, wird das Ich von unserer Umwelt beeinflusst.

Das Umfeld auswählen

Wenn Ihr Leben eine Wendung nimmt, die Ihnen nicht gefällt, rufen Sie sich abends vor dem Einschlafen alle Menschen in Erinnerung, mit denen Sie in den letzten dreißig Tagen Zeit verbracht haben. Wollen Sie so werden wie sie? Haben diese Leute einen positiven Einfluss auf Ihre Einstellung? Wenn die Antwort Nein lautet, ändern Sie allmählich die Zusammensetzung Ihres Umfelds; nehmen Sie sich mehr Zeit, um neue Leute kennenzulernen.

Wenn Ihnen alles zuzulächeln scheint, machen Sie dieselbe Übung, aber stellen Sie sich in diesem Fall vor, wie Ihre Umgebung Ihnen die Kraft und Inspiration gegeben hat, die Sie brauchen, um erfolgreich zu sein. Hegen und fördern Sie jeden Tag das Gefühl der Dankbarkeit in Ihrem Herzen. Auf diese Weise werden Sie zunehmend Erfolg haben und sich persönlich immer mehr entfalten.

東山水上行

Der Berg
des Ostens,
von den Fluten
mitgerissen.

26. Dualität überwinden

Eines Tages wurde ein Zen-Meister gefragt, wie der geistige Zustand eines Buddha beschaffen sei. Er antwortete, ein Erwachter könne »beobachten, wie der Berg des Ostens von den Wellen des Flusses weit fortgetragen wird«. Angesichts dieser unerwarteten Antwort entgegnete sein Gesprächspartner vermutlich: »Ein Berg kann doch gar nicht auf dem Wasser treiben.«

Ganz auf die materielle Welt konzentriert, stützt unser Verstand sein ganzes Denken auf dualistische Überlegungen: schwer und leicht, weiß und schwarz, gut und böse usw. Ein Buddha ist jedoch kein Gefangener des äußeren Anscheins, denn er weiß, dass die Materie nur ein winziger Ausdruck der Realität ist. Er hat verstanden: Die Welt, die wir sehen, ist nur die Summe unserer subjektiven Interpretationen der wenigen Signale, die unser Körper empfangen kann. Also kann der Buddha, frei von jeglicher Voreingenommenheit und indem er seine innere Welt kultiviert, das Schwere auf dem Leichten schwimmen sehen; kann das Helle im Dunklen, das

Weibliche im Männlichen und das Sein im Nichtsein wahrnehmen.

»Guter Tee sollte mit reinem Wasser
aufgegossen werden.«

庭前柏樹子

Die Eiche vor dem Garten

27. Der Heilige und das Nichthandeln

Eines Tages fragte einer seiner Schüler Zhaozhou, warum Bodhidharma, der Begründer des Zen, den ganzen Weg von Indien nach China gereist sei. Die Antwort des Meisters ließ ihn ratlos zurück. Statt seinem Schüler zu erklären, dass Bodhidharma gekommen war, um seine Weisheit an die Chinesen weiterzugeben, wies Zhaozhou nur auf einen der vielen Bäume beim Tempel und sagte: »Eiche.« Diese Antwort des Meisters lehrt uns die Essenz des *Nichthandelns*. Die Eiche spendet mit ihrem Blattwerk Reisenden, die sich vor Sonnenstrahlen schützen wollen, Schatten, tut das aber nicht bewusst. Sie begnügt sich damit, ihre Natur zu verwirklichen, mit einem dicken Stamm und Ästen, an denen viele Blätter wachsen. Als Bodhidharma nach China kommt, tut er das auf die gleiche Weise. Er erfüllt sein Schicksal, ohne speziell darauf aus zu sein, große Werke zu vollbringen.

Im Buddhismus wird ein Bodhisattva als jemand dargestellt, der sich dem Wohl aller Wesen verschrieben hat. Das *Diamant-Sutra* erklärt jedoch, dass ein Bodhisattva sich diesem Ziel ganz natürlich widmen solle, ohne an den Ergebnissen seiner Handlungen oder der Ehre, die ihm seine Handlungen einbringen können, zu hängen. Weil er sich dem *Nichthandeln* verschrieben hat – in dem Sinne, dass er sich eines nicht-spontanen, gegen die Natur gerichteten Handelns enthält –, erschöpft sich der Bodhisattva nicht unnötig und kann ein langes Leben genießen, während er weiterhin Gutes um sich herum tut.

»Wenn neuer Tee in der Stadt ankommt,
sind die Ärzte untätig.«

Lernen, sich vom Ergebnis zu lösen

Manche leiden darunter, dass sie einer nahestehenden Person (Kindern, Freunden, Eltern usw.) nicht so helfen können, wie sie es gerne täten.

Wenn es auch Ihnen so geht, versuchen Sie, sich von der Fixieung auf das Ergebnis Ihrer Handlungen zu lösen. Ein Mensch kann sich nur dann ändern, wenn er es wirklich will. So wichtig er Ihnen auch sein mag, Sie sind nicht für sein Schicksal verantwortlich. Seien Sie wie eine Eiche: Bieten Sie der Person stets das an, was Sie nach bestem Vermögen geben können, aber fühlen Sie sich nicht schuldig, wenn sie es im Moment nicht gut nutzt. Es ist wichtig, dass Sie eine gute geistige Verfassung bewahren, damit Sie auch weiterhin geben können, egal welche Ergebnisse Sie erzielen. Nur wer seine wahre Natur lebt, kann mit sich selbst im Frieden sein. Seien Sie nicht berechnend, versuchen Sie nicht, im Gegenzug so viel zu erhalten, wie Sie anderen geben, sondern versuchen Sie einfach, Ihre eigene Natur zu realisieren und immer das Beste von sich zu geben.

貧者一灯

Die Laterne der Armen

28. Eine Tat nach dem Bemühen beurteilen

In Japan gilt ein Samurai nicht dann als mutig, wenn er seinen Gegner erfolgreich besiegt hat, sondern wenn er sein Leben aufs Spiel gesetzt hat, um das zu schützen, was ihm am meisten am Herzen liegt. Tapferkeit liegt nicht im Ergebnis einer Tat, sondern in dem Bemühen, das sie erfordert.

Was für den Mut gilt, gilt auch für die Großzügigkeit. Der Legende nach wurden dem Buddha, als er sich zum Königreich Magadha begab, vom dortigen Prinzen mehrere Zehntausend Laternen dargeboten. Doch er begegnete auch einer alten Frau, die ihre letzten Ersparnisse ausgegeben hatte, um eine kleine Laterne und etwas Öl zu kaufen und sie ihm als Gabe darzubieten. In materieller Hinsicht sind die Geschenke des Prinzen zwar wertvoller als die der alten Frau, aber aus menschlicher Sicht haben sie keinen großen Wert, weil sie nur einen winzigen Teil seines Vermögens darstellen. Die einzelne Laterne, die die alte Frau darbietet, ist viel wertvoller, denn sie ist alles, was sie besitzt. Wer sich nur um den materiellen Aspekt dessen bekümmert, was er schenkt und was ihm geschenkt wird, wird wahre Liebe nie wertschätzen können – noch nicht einmal echte Freundschaft.

»Echte Gastfreundschaft ist wichtiger als der Duft des Tees.«

Geschenke mit dem dahinterstehenden Gefühl »aufladen«

Solange das Überleben nicht bedroht ist, beruht die Lebensqualität mehr auf dem Emotionalen als auf Materiellem. Wenn Sie etwas schenken, dann tun Sie es so, dass das dahinterstehende Gefühl in Ihrer Gabe zum Ausdruck kommt, sei es ein Gefallen oder ein Geschenk.

Wenn Sie ein Geschenk oder Hilfe erhalten, versuchen Sie – auch wenn das, was Sie erhalten haben, Ihnen gering erscheint – das finanzielle oder zeitliche Opfer und das Geschenk der Freundschaft oder der Liebe dahinter zu erkennen. Entwickeln Sie die Fähigkeit, sich auch von kleinen Dingen anrühren zu lassen, denn das ist der Schlüssel zum Glück.

便是人間好時節

Jetzt ist die richtige Zeit für Menschen.

29. Jeder Moment ist günstig

Glück liegt nicht im Komfort, sondern in der Weisheit. Komfort ist wie eine Droge: Er erzeugt das Gefühl einer flüchtigen Befriedigung, das jedoch schon bald der Besorgnis weicht, die wiederum noch mehr materielle Güter erfordert, damit sie sich legt. Ein solches endloses Getriebensein gleitet schnell in eine ungesunde Gewöhnung ab. Nur Weisheit, die lehrt, das wertzuschätzen, was man hat und was man ist, ermöglicht es, auf lange Sicht glücklich zu leben.

Der Zyklus der Jahreszeiten prägt den Rhythmus unseres Lebens. Diejenigen, die beispielsweise den Winter fürchten, lehnen zwangsläufig einen Teil ihrer Existenz ab. Der Weise dagegen erkennt, dass jede Jahreszeit voller Lehren ist. Der Winter lehrt uns Geduld und Hoffnung, der Frühling ermöglicht uns zu erkennen, dass Blüten vergänglich sind; der Sommer vermittelt uns die Einsicht, dass Kühle in innerem Frieden liegt, während der Herbst uns zeigt, dass Melancholie auch ihre schönen Seiten hat.

So imposant unsere Städte und so fortschrittlich unsere Technologien auch sein mögen, unser Leben ist dennoch vergleichbar mit dem von Bauern, die in einem kleinen, isolierten Dorf in einem von Bergen umgebenen Tal leben. Das Feuer knistert im Kamin, aber alle sind zu beschäftigt, um den Tanz der orangefarbenen Flammen zu bewundern; der Brunnen ist voll von reinem Wasser, aber wer nimmt sich Zeit, den Geschmack und die Frische dieses Wassers wirklich zu schätzen? Die Kornähren wogen im Wind, aber niemand betrachtet diese goldenen Wellen, die sich über den Horizont erstrecken. Das Leben verstreicht, aber da alle von ihren täglichen Verpflichtungen eingenommen sind, genießen es nur wenige wirklich. Schönheit ist überall, doch leider vergebens, denn niemand beachtet sie. Wenn alle im Kopf nur auf den Nutzen bedacht sind, fehlt oft das Glück im Herzen. Alles wird banal für den, der nicht lernt, die kleinen Details des Alltags zu beobachten und darüber zu staunen.

Glück liegt nicht im Anhäufen, sondern in der Fähigkeit, das wertzuschätzen, was man hat. Menschen neigen von Natur aus dazu, nur das als kostbar zu betrachten, was selten ist. Sie geringschätzen darum zwangsläufig das, was sie täglich umgibt – und das täten sie selbst dann, wenn sie im Paradies lebten. Idyllische Landschaften inspirierten einst viele Maler, die heute berühmt sind, doch diejenigen, die Tag für Tag in einer solchen Landschaft leben, nehmen ihren Charme nicht mehr wahr. Wer jedoch den Mut hat, eine Weile fortzugehen und sich über bekannte Gebiete hinaus in fremde Gegenden zu wagen, kann diesen Zauber nachvollziehen. Wenn einer der Dorfbewohner sein Haus und seine Felder vom Gipfel eines Berges aus betrachtet, wird er verstehen, wie zerbrechlich alles, was er hat, ist. Er wird erkennen, dass das, was ihm banal erschien, in Wirklichkeit unbezahlbarer Reichtum ist. Ein Dach über dem Kopf, freie Wege, Wasser, Nahrung im Überfluss, eine Familie, Gefährten – nichts davon gibt es außerhalb des Dorfes. Nur wer in der Lage ist, einen Schritt beiseitezutreten und das tägliche Leben mit Distanz zu sehen, kann erkennen, wie wertvoll all das ist. Sind wir, die wir in einer modernen Gesellschaft leben, wirklich so anders als die Bewohner dieses Dorfes?

Die Kostbarkeit des Alltags mehr wertschätzen

Wer für das, was das Leben und die Menschen um ihn her ihm schenken, dankbar ist, vermag glücklich zu leben. Dankbarkeit ist der Schlüssel zum Glück. Doch Gewohnheit und Routine schwächen unsere Fähigkeit, uns an unserem täglichen Leben zu freuen. Sie verleiten uns zu der Annahme, das, was wir haben, sei normal und wertlos. Überdruss ist eines der primären Übel im Leben moderner Menschen.

Wenn auch Sie davon betroffen sind, ist es wichtig, dass Sie sich etwas Zeit nehmen und Abstand gewinnen. Probieren Sie einfach mal für einen halben Tag einen anderen Lebensstil aus. Bleiben Sie allein, verwenden Sie keinen Strom, essen Sie nichts, was Sie auf dem Markt oder im Supermarkt gekauft haben. Nehmen Sie sich die Zeit, und sei es nur für wenige Stunden, um Hunger, Hitze oder Kälte, Einsamkeit und Langeweile zu spüren. Sie befinden sich jetzt auf der Spitze eines symbolischen Berges. Nun können Sie das, was zu Ihrem täglichen Leben gehört, mit anderen Augen sehen und seinen Wert mehr schätzen.

独釣寒江雪

Allein auf einem verschneiten Fluss angeln

30. Leidenschaft ist besser als Ausdauer

Allein auf seinem Boot in der Mitte eines kleinen Bergsees wischt ein Fischer den Schnee ab, der sich auf seiner Angelrute gesammelt hat. Während all seine Freunde in ihre Hütten zurückgekehrt sind und langsam einschlafen, eingelullt vom Kaminfeuer, bleibt er draußen und wartet darauf, dass ein Fisch anbeißt. Welche unglaubliche Kraft ermöglicht es diesem Mann, stundenlang im Schneetreiben auszuharren? – Leidenschaft. Manche setzen ihren Körper extremen Bedingungen aus, um ihre Ausdauer zu erhöhen, andere kultivieren lieber ihr Herz. Ganz und gar von seiner Leidenschaft erfasst, hat der Fischer sein eigenes Ego vergessen, und da das Bewusstsein seinen Körper verlassen hat, kann die Kälte ihm nichts anhaben.

Menschen mit außergewöhnlicher Geistesstärke halten zwar extreme Bedingungen aus, doch nur diejenigen, die sich außerdem noch für das begeistern können, was sie tun, sind in der Lage, angesichts äußerer Schwierigkeiten ruhig und gelassen zu bleiben. Ausdauer ist kein Selbstzweck – um jeden Preis der Stärkste sein zu wollen, führt zur Erschöpfung. Das Leben dieses Fischers wäre sehr traurig, wenn er sich nur deswegen draußen im Schnee aufhielte, um seinen Körper zu stählen. Der Körper muss im Dienst der Leidenschaft des Fischers stehen, denn eben diese Leidenschaft ermöglicht es ihm, glücklich zu sein.

Leidenschaft entwickeln

Leidenschaft ist das Geheimnis des Erfolgs. Wenn es Ihnen nicht gelingt, das zu erlangen, was Sie wollen, machen Sie Folgendes:

Rufen Sie sich ins Gedächtnis, was Sie getan haben, um Ihr Ziel zu erreichen. Haben Sie sich nur auf das Notwendigste beschränkt oder haben Sie wirklich Ihr Bestes getan?

Fragen Sie sich beim Aufzählen Ihrer Bemühungen, ob Sie diese Sache wirklich wollen oder ob sie nur ein Traum ist, der Ihnen unbewusst von außen auferlegt wird. Wenn es sich wirklich um Ihr Ziel handelt, versuchen Sie zuerst, mehr Leidenschaft zu entwickeln. Sie müssen Freude haben an dem, was Sie tun, bevor Sie überhaupt Ergebnisse erwarten können. Aber warten Sie nicht passiv darauf, dass sich Leidenschaft einstellt – Sie müssen dieses Gefühl jeden Tag kultivieren, wenn Sie wollen, dass es Ihnen die erforderliche Energie dann bringt, wenn Sie sie brauchen.

Zum Schluss

Weisheit wird oft als etwas Geheimnisvolles, normalen Menschen Unzugängliches angesehen. Die Lehren des Zen-Buddhismus erinnern uns jedoch daran, dass Weisheit im Wesentlichen in der Fähigkeit liegt, unsere kindliche Seele zu bewahren – jenen Teil unserer selbst, der in der Lage ist, den gegenwärtigen Moment zu bestaunen und das wahr- und anzunehmen, was dieser Moment zu bieten hat, ohne Angst, was andere denken oder was danach passiert.

Gleichwohl kann aus rein materieller Sicht ein Großteil des Daseins als Kampf ums Überleben und Aufrechterhalten unseres Komforts empfunden werden. Wie die Natur, die dem Zyklus der Jahreszeiten unterworfen ist, sind wir dazu verurteilt, vielen Wintern zu trotzen. Wenn Unglück sich ankündigt, bauen viele Menschen hohe Barrieren um sich herum, um ihr Herz zu schützen. In dem Glauben, sie hätten ihre Kinderseele auf diese Weise in Sicherheit gebracht, leben sie weiter, als sei nichts geschehen. So hat die Angst sie vielleicht weniger im Griff, doch sie sind dabei, den Teil ihrer selbst zu verlieren, der in der stillen Dunkelheit erstickt.

Für den, der in einer Höhle lebt, ist es schwierig zu erkennen, wann der Frühling kommt (洞中春色人 難). Heitere Gelassenheit besteht nicht darin, unser Herz in einer von der Welt abgeschotteten Höhle einzuschließen, sondern darin, den Winter und den Frühling willkommen zu heißen und alles anzunehmen, was diese Jahreszeiten zu bieten haben. Der Weise erkennt, dass jemand, der vor dem Winter flieht, sich selbst dazu verdammt, nie den Frühling zu erleben.

Aus der Höhle herauszutreten, um die Welt so, wie sie ist, zu bewundern – das ist eine der Lehren der Teezeremonie. Es ist nun an der Zeit, dass Sie das Buch schließen und hinausgehen: Ein Kind ruft Sie ...

»Tee ist nur eine Pflanze,
der wahre Schatz ist der Gast.«

Über den Autor

© privat

NICOLAS CHAUVAT hat politische Wissenschaft studiert und war für die französische Botschaft in Japan tätig. Noch heute pendelt er regelmäßig zwischen Frankreich und Asien. Er spricht fließend Japanisch und Chinesisch und forscht über Buddhismus und Taoismus. In Frankreich ist er als Autor für Achtsamkeitsbücher bekannt.